In case of loss, please return to

....

....

....

As a reward

....

PREVIEW
CHECK LIST - 제주도

TO DO LIST

- [ ] 감귤 따기 체험
- [ ] 동네책방, 서점 투어
- [ ] 동물 먹이주기 체험
- [ ] 동백 군락지 가기
- [ ] 마음샌드 사기
- [ ] 뮤지엄 전시 투어
- [ ] 미디어아트 체험
- [ ] 바다낚시 해보기
- [ ] 바이크로 해안 둘러보기
- [ ] 배낚시 해보기
- [ ] 스킨스쿠버 체험하기
- [ ] 숲 산책 산림욕하기
- [ ] 식물원 투어
- [ ] 애월 카페거리 투어
- [ ] 열대과일 수확 체험
- [ ] 오름 투어하기
- [ ] 올레길 스탬프 투어
- [ ] 요트 체험하기
- [ ] 유명 빵집 투어
- [ ] 이색 박물관 투어하기
- [ ] 자전거 투어로 해안 돌아보기
- [ ] 잠수함 타보기
- [ ] 전통시장 먹거리 쇼핑하기
- [ ] 제주도 관련 굿즈 사기
- [ ] 조랑말 승마하기
- [ ] 지역별 프리마켓 참여해보기
- [ ] 프리다이빙 체험하기
- [ ] 플리마켓 둘러보기
- [ ] 한라산 등반
- [ ] 해변도로 드라이빙 하기
- [ ] 해식동굴에서 인생샷 찍어보기
- [ ] 해안산책로 걷기
- [ ] 화산섬 지질 트레킹 하기

LANDMARK LIST

- [ ] 1100고지
- [ ] 가시리마을
- [ ] 곶자왈
- [ ] 곽지해수욕장
- [ ] 광치기해변
- [ ] 금능해수욕장
- [ ] 금오름
- [ ] 김녕미로공원
- [ ] 대포주상절리대
- [ ] 동문재래시장
- [ ] 렛츠런팜
- [ ] 마라도
- [ ] 만장굴
- [ ] 무지개해안로
- [ ] 박수기정
- [ ] 방주교회
- [ ] 백약이오름
- [ ] 보롬왓
- [ ] 비자림
- [ ] 산방산
- [ ] 상효원
- [ ] 새별오름
- [ ] 새별헤이요목장
- [ ] 서귀포올레시장
- [ ] 섭지코지
- [ ] 성산일출봉
- [ ] 성읍 민속마을
- [ ] 성이시돌목장
- [ ] 소인국테마파크
- [ ] 쇠소깍
- [ ] 신풍 신천 바다목장
- [ ] 싱계물공원
- [ ] 아끈다랑쉬오름
- [ ] 알뜨르비행장
- [ ] 어승생악
- [ ] 에코랜드
- [ ] 오설록 티 뮤지엄
- [ ] 용눈이오름
- [ ] 용머리해안
- [ ] 우도
- [ ] 위미동백나무군락
- [ ] 이중섭문화거리
- [ ] 이호테우해수욕장
- [ ] 저지문화예술인마을
- [ ] 절물자연휴양림
- [ ] 정방폭포
- [ ] 제주 유리의 성
- [ ] 제주도립미술관
- [ ] 제주마방목지
- [ ] 제주민속오일장
- [ ] 제주민속촌
- [ ] 제주신화월드
- [ ] 제주해녀박물관
- [ ] 종달리해변
- [ ] 중문관광단지
- [ ] 차귀도
- [ ] 천제연폭포
- [ ] 카멜리아힐
- [ ] 판포포구
- [ ] 표선해비치 해수욕장
- [ ] 한라산 영실코스
- [ ] 한라수목원
- [ ] 항파두리
- [ ] 협재해수욕장
- [ ] 황우치해변
- [ ] 휴애리 자연생활 공원

PREVIEW
CHECK LIST - 제주도

MUST BUYING LIST

- ☐ 갈치
- ☐ 감귤쫀디기
- ☐ 감귤초콜릿
- ☐ 고래 모빌
- ☐ 과일 잼
- ☐ 과일칩
- ☐ 돌하르방 모자
- ☐ 동백 향초
- ☐ 동백 화장품
- ☐ 땅콩 마들렌
- ☐ 마음샌드
- ☐ 미깡치약
- ☐ 미니 한라산소주
- ☐ 보리빵
- ☐ 상외떡
- ☐ 스누피 굿즈
- ☐ 스타벅스 제주 리유저블 컵
- ☐ 오메기 술
- ☐ 오메기떡
- ☐ 옥돔
- ☐ 우도 땅콩 막걸리
- ☐ 우도땅콩
- ☐ 제주 감귤막걸리
- ☐ 제주 굿즈 문구류
- ☐ 제주명소 마그넷
- ☐ 테디베어 굿즈
- ☐ 테왁비누
- ☐ 하멜치즈케이크
- ☐ 한라봉, 천혜향, 레드향, 카라향
- ☐ 한라봉 모자
- ☐ 헬로키티 굿즈
- ☐ 흑돼지 라면
- ☐ 흑돼지 육포

MUST DO ACTIVITIES LIST

- ☐ 돌고래 탐사
- ☐ 레일바이크
- ☐ 바다 수영
- ☐ 배낚시
- ☐ 사격하기
- ☐ 스노쿨링
- ☐ 스쿠버다이빙하기
- ☐ 승마
- ☐ 오토바이 라이딩
- ☐ 요트
- ☐ 자전거 라이딩
- ☐ 잠수함타기
- ☐ 제트보트
- ☐ 짚라인
- ☐ 카약
- ☐ 카트 레이싱
- ☐ 캠핑
- ☐ 투명 카약
- ☐ 패들보드
- ☐ 페러글라이딩
- ☐ ATV

MUST EAT LIST

- ☐ 각재기국
- ☐ 고기국수
- ☐ 고등어 쌈밥
- ☐ 고등어회
- ☐ 고사리해장국
- ☐ 대방어회
- ☐ 돔베고기
- ☐ 딱새우회
- ☐ 말고기
- ☐ 멜튀김
- ☐ 몸국
- ☐ 문어라면
- ☐ 보말 칼국수
- ☐ 성게국
- ☐ 수제버거
- ☐ 옥돔구이
- ☐ 은갈치조림
- ☐ 전복김밥
- ☐ 전복죽
- ☐ 제주 흑돼지 돈가스
- ☐ 해물 라면
- ☐ 흑돼지 두루치기

* 어떻게 여행을 해야하는지 알려드려요.

TRAVEL PLAN
SUMMARY - 제주도

TITLE

- DATE   /   /   ~   /   /
- CITY
- WITH
- VEHICLE

MUST GO PLACES

STAY

MUST EAT FOODS

MUST GO RESTAURANTS

MUST GO CAFE

MUST BUYING

MUST DO ACTIVITIES

MEMOS

* 지도를 보면서 나만의 여행계획을 만들어 보세요.

TIME LINE
SCHEDULE - 제주도

DAY 1   /   /   ~   /   /

8:00 AM
9:00 AM
10:00 AM
11:00 AM
12:00 PM
13:00 PM
14:00 PM
15:00 PM
16:00 PM
17:00 PM
18:00 PM
19:00 PM
20:00 PM
21:00 PM
22:00 PM
23:00 PM

DAY 2   /   /   ~   /   /

8:00 AM
9:00 AM
10:00 AM
11:00 AM
12:00 PM
13:00 PM
14:00 PM
15:00 PM
16:00 PM
17:00 PM
18:00 PM
19:00 PM
20:00 PM
21:00 PM
22:00 PM
23:00 PM

* 시간별로 계획을 세워보세요.

TIME LINE
SCHEDULE - 제주도

DAY 3   /   /   ~   /   /

8:00 AM
9:00 AM
10:00 AM
11:00 AM
12:00 PM
13:00 PM
14:00 PM
15:00 PM
16:00 PM
17:00 PM
18:00 PM
19:00 PM
20:00 PM
21:00 PM
22:00 PM
23:00 PM

DAY 4   /   /   ~   /   /

8:00 AM
9:00 AM
10:00 AM
11:00 AM
12:00 PM
13:00 PM
14:00 PM
15:00 PM
16:00 PM
17:00 PM
18:00 PM
19:00 PM
20:00 PM
21:00 PM
22:00 PM
23:00 PM

* 시간별로 계획을 세워보세요.

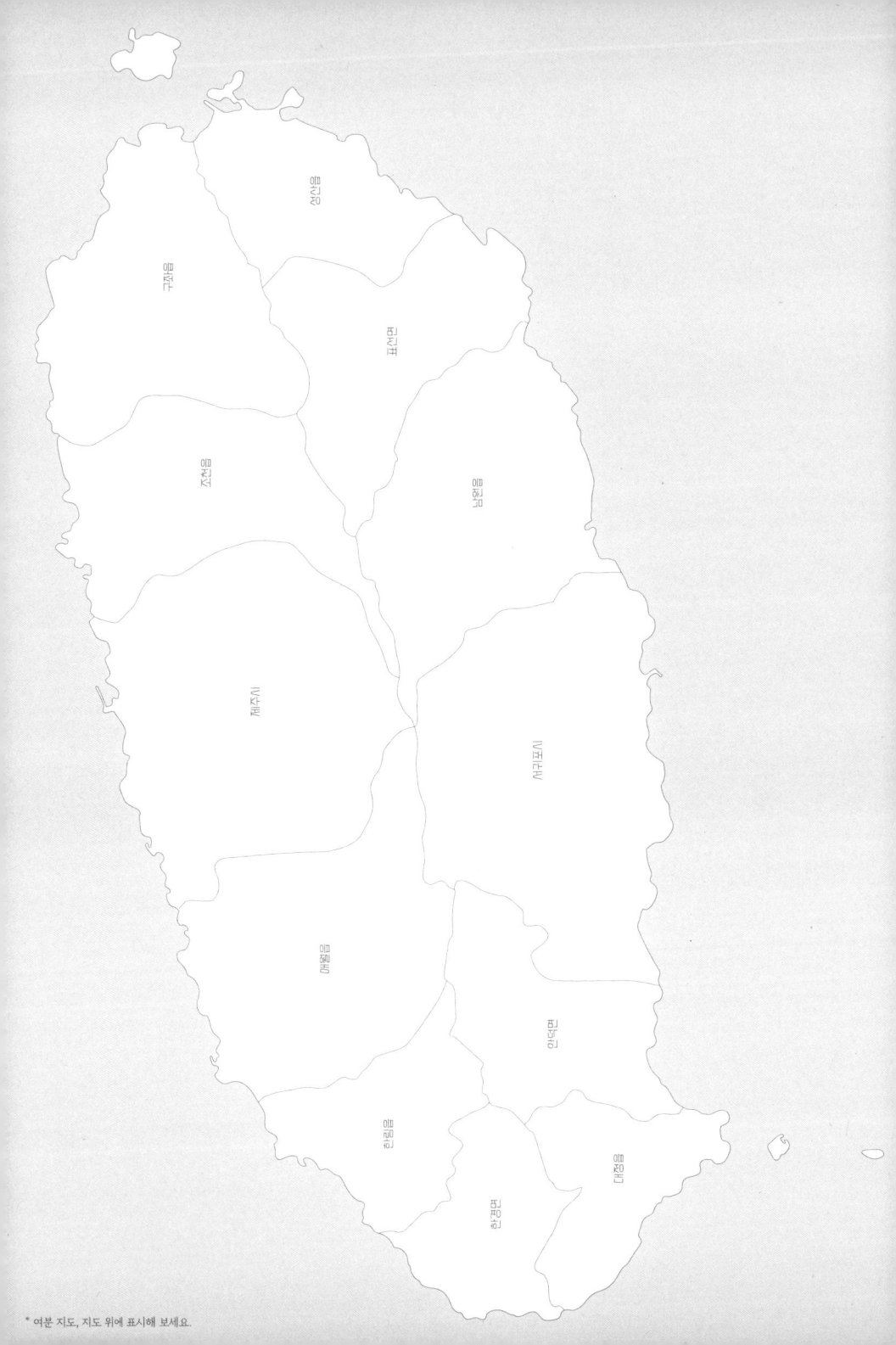

* 여분 지도, 지도 위에 표시해 보세요.

PREVIEW
CHECK LIST - 제주시

LANDMARK LIST

- ☐ 1112도로
- ☐ 관음사
- ☐ 귤향기 농장
- ☐ 귤향기 농장
- ☐ 그제바람 윈드서핑
- ☐ 김경숙해바라기농장
- ☐ 김녕 지질트레일
- ☐ 김만덕제주
- ☐ 남국사
- ☐ 넥스컴퓨터박물관
- ☐ 노루생태관찰원
- ☐ 다끄네포구
- ☐ 도두봉전망대
- ☐ 도련감귤나무숲
- ☐ 도키쥬쥬
- ☐ 동문재래시장
- ☐ 두맹이골목
- ☐ 모충사
- ☐ 몽돌해변

- ☐ 무수천
- ☐ 민속자연사박물관
- ☐ 별도봉
- ☐ 브릭캠퍼스
- ☐ 사라봉공원
- ☐ 산지등대
- ☐ 산지천
- ☐ 산천단
- ☐ 삼성혈
- ☐ 삼양해수욕장
- ☐ 삼화포구
- ☐ 수목원테마파크
- ☐ 신비의 도로
- ☐ 신산공원
- ☐ 아날로그 갈귤밭
- ☐ 아라리오뮤지엄
- ☐ 아이스뮤지엄
- ☐ 아침미소목장
- ☐ 알작지해변

- ☐ 어리목계곡
- ☐ 용두암
- ☐ 용두암 해안도로
- ☐ 용연계곡
- ☐ 원당봉
- ☐ 이호테우등대
- ☐ 이호테우해수욕장
- ☐ 절물오름
- ☐ 절물자연휴양림
- ☐ 오라동 메밀꽃밭
- ☐ 전농로 벚꽃거리
- ☐ 제주4.3평화공원
- ☐ 제주국제여객터미널
- ☐ 제주대학교 벚꽃길
- ☐ 제주리브렌드
- ☐ 제주마방목지
- ☐ 제주목관아
- ☐ 제주민속오일장

TO DO LIST

- ☐ 감귤농장 감귤 수확 체험
- ☐ 국수문화거리 고기국수 먹기
- ☐ 도두항 패들보드 체험하기
- ☐ 동문 재래시장 기념품 쇼핑
- ☐ 민오름 오르기
- ☐ 신비의 도로 체험
- ☐ 아라리오 뮤지엄 전시 관람
- ☐ 용두암 해안도로 드라이빙 하기
- ☐ 이호테우 해수욕장 일몰 구경
- ☐ 절물자연휴양림 산책
- ☐ 제주 김경숙 해바라기 농장 사진 찍기
- ☐ 제주 전농로 벚꽃 감상
- ☐ 제주 해수욕장 일몰 감상
- ☐ 제주민속오일장 쇼핑

MUST DO ACTIVITIES LIST

- ☐ 이호테우해변 서핑 강습
- ☐ 어승생악 등반
- ☐ 용두암 해안도로 드라이빙
- ☐ 제주 시티투어 버스 탑승
- ☐ 월정리 패들보드
- ☐ 현사포구 배낚시 체험

MUST EAT LIST

- ☐ 골막식당 고기국수
- ☐ 국수만찬 고기국수
- ☐ 김희선 제주몸국 몸국
- ☐ 다가미 김밥
- ☐ 도해해녀의 집 전복죽, 물회
- ☐ 도토리키친 청귤소바
- ☐ 미친부엌 크림짬뽕
- ☐ 바로족발보쌈

- ☐ 삼미횟집 모듬회
- ☐ 서문수산 코스 요리
- ☐ 우진해장국 고사리 육개장
- ☐ 장수물식당 고기국수
- ☐ 제주 김만복 본점 김밥
- ☐ 제주국당 고기국수
- ☐ 칠돈가 흑돼지
- ☐ 팔각촌 흑돼지오겹살

MUST BUYING LIST

- ☐ 제주공항 파리바게뜨점 마음샌드
- ☐ 제주동문시장 생선
- ☐ 제주동문시장 솔브레 소금빵
- ☐ 제주동문시장 오란다 선물세트
- ☐ 제주동문시장 오메기떡
- ☐ 제주민속오일장 도라지청
- ☐ 제주민속오일장 새싹보리
- ☐ 제주민속오일장 옥돔
- ☐ 제주블루스 막걸리 세트
- ☐ 제주하멜 치즈케이크

* 어떻게 여행을 해야하는지 알려드려요.

TRAVEL PLAN
SUMMARY - 제주시

TITLE

- ■ DATE   /   /   ~   /   /
- ■ TOWN
- ■ WITH
- ■ VEHICLE

MUST GO PLACES

- ■
- ■
- ■
- ■
- ■
- ■
- ■
- ■
- ■
- ■
- ■
- ■
- ■
- ■
- ■
- ■
- ■
- ■
- ■
- ■
- ■
- ■
- ■

STAY

MUST EAT FOODS

MUST GO RESTAURANTS

MUST GO CAFE

MUST BUYING

MUST DO ACTIVITIES

MEMOS

* 지도를 보면서 나만의 여행계획을 만들어 보세요.

TIME LINE
SCHEDULE - 제주시

DAY 1   /   /   ~   /   /

- 8:00 AM
- 9:00 AM
- 10:00 AM
- 11:00 AM
- 12:00 PM
- 13:00 PM
- 14:00 PM
- 15:00 PM
- 16:00 PM
- 17:00 PM
- 18:00 PM
- 19:00 PM
- 20:00 PM
- 21:00 PM
- 22:00 PM
- 23:00 PM

DAY 2   /   /   ~   /   /

- 8:00 AM
- 9:00 AM
- 10:00 AM
- 11:00 AM
- 12:00 PM
- 13:00 PM
- 14:00 PM
- 15:00 PM
- 16:00 PM
- 17:00 PM
- 18:00 PM
- 19:00 PM
- 20:00 PM
- 21:00 PM
- 22:00 PM
- 23:00 PM

* 시간별로 계획을 세워보세요.

PREVIEW
CHECK LIST - 조천읍

LANDMARK LIST

- ☐ 갓전시관
- ☐ 거문오름
- ☐ 교래삼다수마을
- ☐ 교래자연휴양림
- ☐ 국제리더스클럽
- ☐ 닭머르해안
- ☐ 돌하르방미술관
- ☐ 동백동산
- ☐ 렛츠런팜 제주
- ☐ 바농오름
- ☐ 북촌리 4.3길
- ☐ 북촌리 창꼼
- ☐ 북촌포구
- ☐ 사려니숲길
- ☐ 산굼부리
- ☐ 삼다수숲길
- ☐ 새미동산
- ☐ 서프라이즈테마파크
- ☐ 선녀와나무꾼테마공원
- ☐ 선흘 동백동산
- ☐ 에코랜드 테마파크
- ☐ 연북정
- ☐ 제라진 어드벤쳐
- ☐ 제주 세계자연유산센터
- ☐ 제주돌문화공원
- ☐ 제주라프
- ☐ 제주센트럴파크
- ☐ 제주신흥해수욕장
- ☐ 제주잠수함
- ☐ 조천만세동산
- ☐ 조천비석거리
- ☐ 캐릭파크
- ☐ 캔디원
- ☐ 파파빈레
- ☐ 포레스트사파리
- ☐ 한라산 성판악
- ☐ 함덕잠수함
- ☐ 함덕해수욕장

TO DO LIST

- ☐ 닭머르해안 걸으며 억새보기
- ☐ 대흘리 메밀밭 메밀보기
- ☐ 돌하르방미술관 돌하르방 전시 관람
- ☐ 비케이브카페의 선흘의자동굴 가기
- ☐ 산굼부리 억새보기
- ☐ 선흘감리교회 샤스타데이지 보기
- ☐ 에코랜드테마파크 백일홍 보기
- ☐ 에코랜드테마파크 증기기관차타기
- ☐ 제주목장 렛츠런팜 샤스타데이지 보기
- ☐ 카페 북촌에가면 장미 보기
- ☐ 카페 비케이브 백일홍 보기
- ☐ 카페 비케이브 촛불맨드라미 보기
- ☐ 카페 더 콘테나에서 인증샷
- ☐ 함덕해수욕장 서우봉 둘레길갯무꽃 보기

MUST DO ACTIVITIES LIST

- ☐ 나라뇨가스뉴니오 원데이요가
- ☐ 빠우사 원데이요가
- ☐ 캔디원 수제캔디 만들기
- ☐ 팀케이 전동 킥보드
- ☐ 함덕 국제리더스클럽 잠수함, 패들보트
- ☐ 함덕 돌핀레저 제트보트, 페러세일링

MUST EAT LIST

- ☐ 5L2F 뜬구름,찬구름 크림 라떼
- ☐ 고집돌우럭 제주함덕점 우럭찜세트
- ☐ 교래손칼국수 바지락칼국수
- ☐ 구좌상회 당근케이크
- ☐ 문개항아리 해물통칼국수
- ☐ 백리향 갈치구이
- ☐ 버드나무집 해물 칼국수
- ☐ 엉클통김밥 김밥
- ☐ 점점 초당옥수수 아이스크림
- ☐ 제주순풍해장국 함덕점 쇠고기 해장국
- ☐ 제주한먼가 돔베국수
- ☐ 타무라 태국음식
- ☐ 함덕골목 해장국,내장탕
- ☐ 해녀김밥 본점 해녀김밥
- ☐ 회춘 가정식 한상
- ☐ 흑본오겹 함덕점 흑돼지 요리

MUST BUYING LIST

- ☐ 달다제주 소품
- ☐ 달카라멜 카라멜선물세트
- ☐ 덕인당 쑥빵, 보리빵
- ☐ 바다는 김녕 제주굿즈
- ☐ 바룩하쉠 제주특산품
- ☐ 선물고팡 소품
- ☐ 아라파파 수제잼
- ☐ 어나더 우드 스토어 우드제품
- ☐ 올티스 tea
- ☐ 캔디원 수제캔디

* 어떻게 여행을 해야하는지 알려드려요.

TRAVEL PLAN
SUMMARY - 조천읍

TITLE

- DATE   /   /   ~   /   /
- TOWN
- WITH
- VEHICLE

MUST GO PLACES

STAY

MUST EAT FOODS

MUST GO RESTAURANTS

MUST GO CAFE

MUST BUYING

MUST DO ACTIVITIES

MEMOS

* 지도를 보면서 나만의 여행계획을 만들어 보세요.

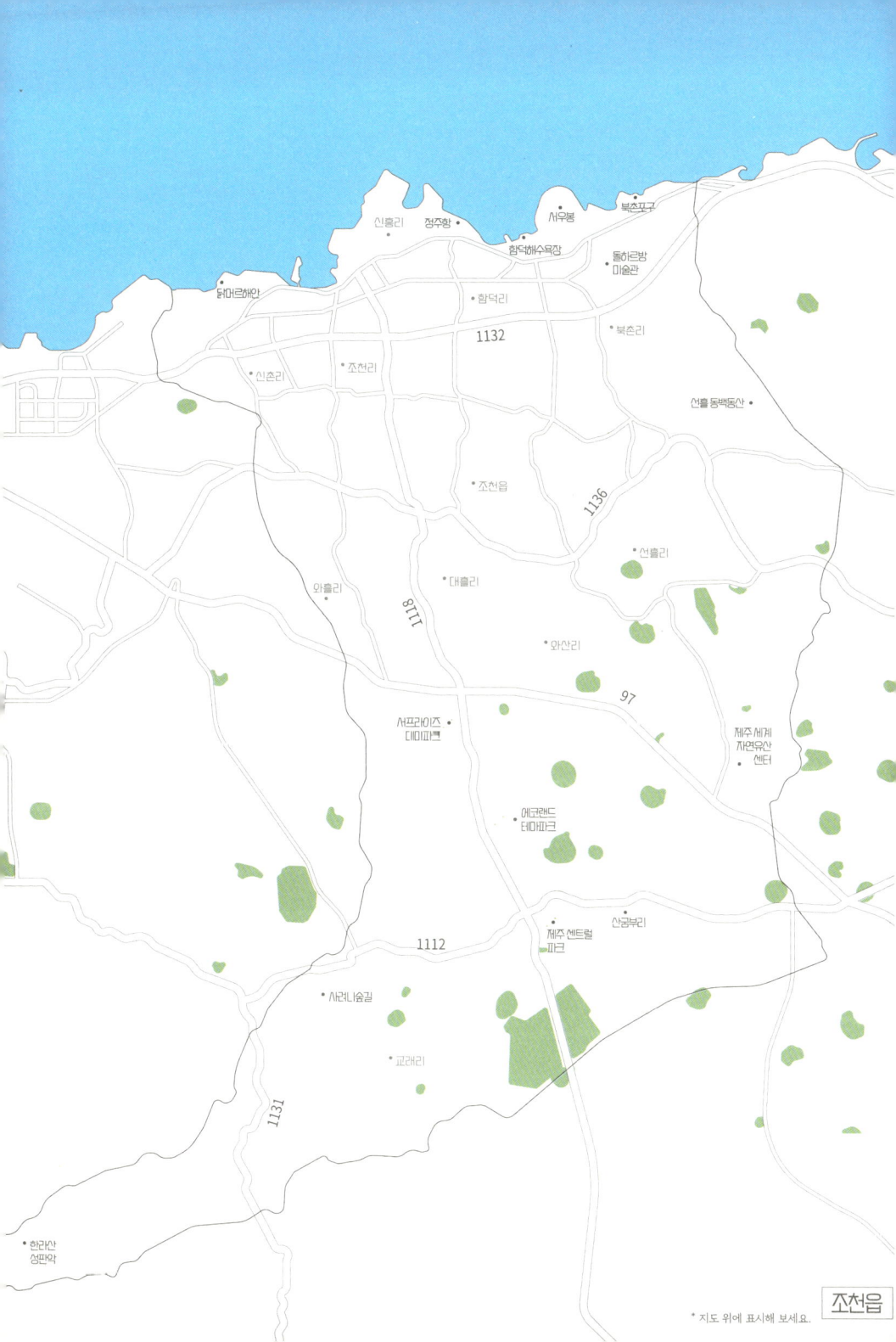

TIME LINE
SCHEDULE - 조천읍

DAY 1   /   /   ~   /   /

8:00 AM
9:00 AM
10:00 AM
11:00 AM
12:00 PM
13:00 PM
14:00 PM
15:00 PM
16:00 PM
17:00 PM
18:00 PM
19:00 PM
20:00 PM
21:00 PM
22:00 PM
23:00 PM

DAY 2   /   /   ~   /   /

8:00 AM
9:00 AM
10:00 AM
11:00 AM
12:00 PM
13:00 PM
14:00 PM
15:00 PM
16:00 PM
17:00 PM
18:00 PM
19:00 PM
20:00 PM
21:00 PM
22:00 PM
23:00 PM

* 시간별로 계획을 세워보세요.

PREVIEW
CHECK LIST - 구좌읍

LANDMARK LIST

- [ ] 거슨세미오름(세미오름, 샘오름)
- [ ] 구좌 방파제
- [ ] 구좌풍력발전기
- [ ] 김녕 미로공원
- [ ] 김녕 해안도로
- [ ] 김녕금속공예벽화마을
- [ ] 김녕사굴
- [ ] 김녕해수욕장
- [ ] 다랑쉬오름
- [ ] 또복상점
- [ ] 만장굴
- [ ] 메이즈랜드
- [ ] 별방진
- [ ] 비자림
- [ ] 선볼오름
- [ ] 세화 해변
- [ ] 송당무끈모루
- [ ] 스누피가든
- [ ] 아부오름
- [ ] 안도르카페
- [ ] 안돌오름
- [ ] 올레파머스제주
- [ ] 용눈이오름
- [ ] 용천동굴
- [ ] 월정리카페거리
- [ ] 월정리해수욕장
- [ ] 제주 해녀박물관
- [ ] 제주한잔세화
- [ ] 종달리 전망대
- [ ] 종달리 해변
- [ ] 종달리해안도로
- [ ] 청굴물
- [ ] 카페 글렌코
- [ ] 도끼심 룬쭈탄 사셍시
- [ ] 평대리해수욕장
- [ ] 평대초등학교
- [ ] 하도해수욕장
- [ ] 해녀의부엌

TO DO LIST

- [ ] 만장굴 동굴 관람
- [ ] 메이즈랜드 장미 보기
- [ ] 비자림 숲 산책
- [ ] 세화민속오일장 시장구경
- [ ] 송당무끈모루 사진찍기
- [ ] 스누피가든 관람
- [ ] 안도르 카페 사진찍기
- [ ] 안돌오름 백일홍 보기
- [ ] 안돌오름 비밀의 숲 사진찍기
- [ ] 청굴물에서 용천수 사진찍기
- [ ] 카페 글렌코 샤스타데이지 보기
- [ ] 카페모알보알 제주점 사진찍기
- [ ] 평대초등학교 능소화 돌담 산책
- [ ] 해녀의부엌 공연보고 해산물 요리 먹기

MUST DO ACTIVITIES LIST

- [ ] 김녕 요트투어
- [ ] 월정 투명카약
- [ ] 제주바다체험장 실내 낚시
- [ ] 제주웨이브서핑
- [ ] 종달 타보카 수상보트 카약과 보트
- [ ] 코난해변 스노쿨링

MUST EAT LIST

- [ ] 떡하니 문어떡볶이
- [ ] 만월당 성게크림파스타
- [ ] 만월당 전복리조또
- [ ] 멘도롱 돈까스
- [ ] 명진전복 전복돌솥밥
- [ ] 벵디 돌문어 덮밥
- [ ] 블루보틀 제주 땅콩 호떡, 감자와플
- [ ] 산도롱맨도롱 홍갈비국수, 백갈비국수
- [ ] 월정 해녀식당 갈치조림
- [ ] 윤스타 피자앤파스타 화덕피자
- [ ] 치저스 미트볼과 아란치니
- [ ] 카페 라라라 구좌당근주스, 케이크
- [ ] 톰톰카레 콩카레, 야채카레
- [ ] 팟타이만 태국요리
- [ ] 하도핑크 딱새우리조또
- [ ] 해녀촌 회국수

MUST BUYING LIST

- [ ] 구아우쇼콜라 현무초콜릿
- [ ] 데비스잼 수제잼 세트
- [ ] 또복상점 제주굿즈
- [ ] 마이피기팬트리 이색 식료품
- [ ] 몽그레 제주보리샌드
- [ ] 스누피가든 굿즈
- [ ] 여름문구사 문구류
- [ ] 오만과자점 구움과자
- [ ] 올레파머스제주기념품가게 술잔
- [ ] 제주한잔세화 성산포소주

* 어떻게 여행을 해야하는지 알려드려요.

TRAVEL PLAN
SUMMARY - 구좌읍

TITLE

- ■ DATE   /   /   ~   /   /
- ■ TOWN
- ■ WITH
- ■ VEHICLE

MUST GO PLACES

STAY

MUST EAT FOODS

MUST GO RESTAURANTS

MUST GO CAFE

MUST BUYING

MUST DO ACTIVITIES

MEMOS

* 지도를 보면서 나만의 여행계획을 만들어 보세요.

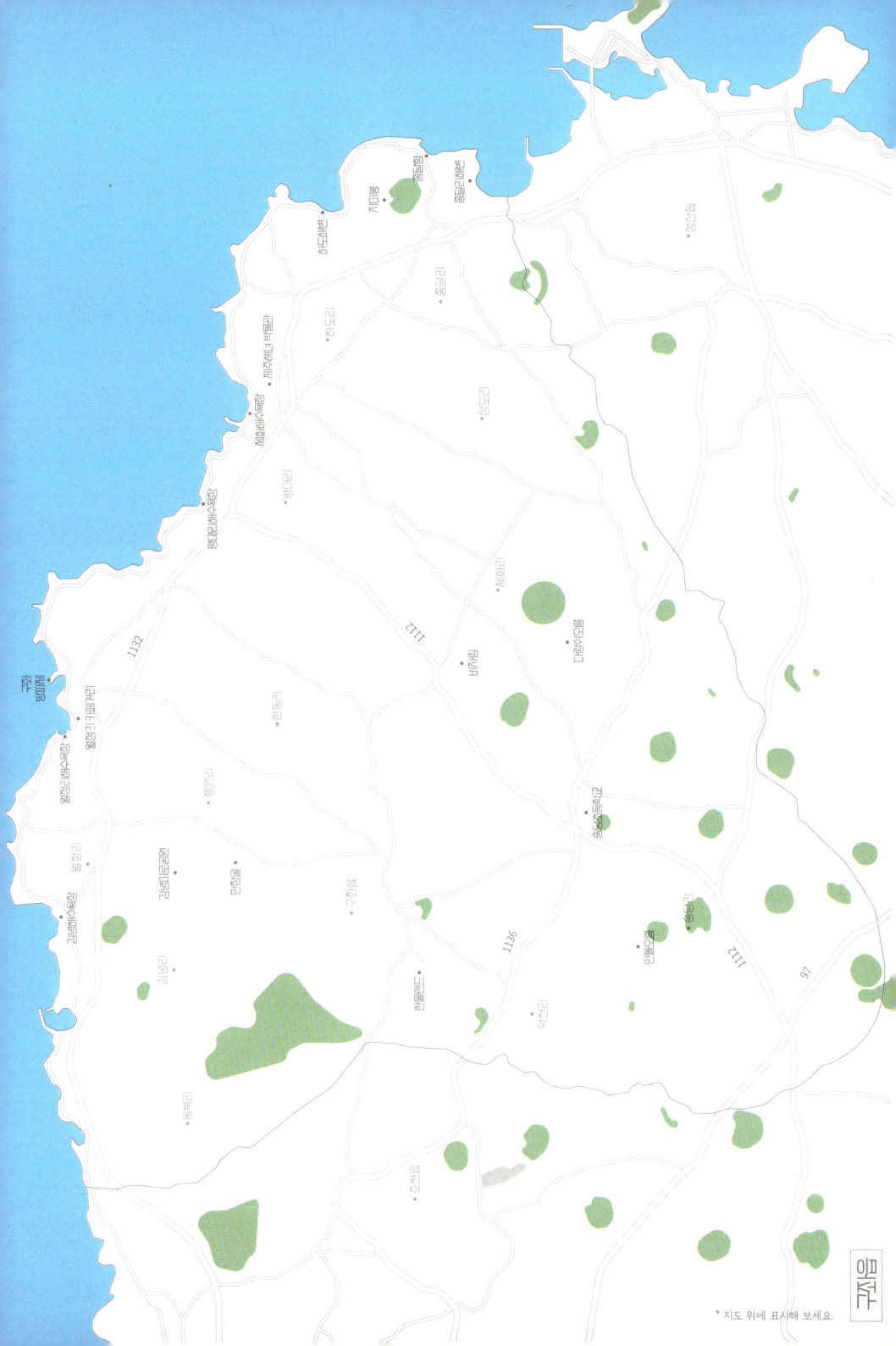

TIME LINE
SCHEDULE - 구좌읍

DAY 1   /   /   ~   /   /

8:00 AM
9:00 AM
10:00 AM
11:00 AM
12:00 PM
13:00 PM
14:00 PM
15:00 PM
16:00 PM
17:00 PM
18:00 PM
19:00 PM
20:00 PM
21:00 PM
22:00 PM
23:00 PM

DAY 2   /   /   ~   /   /

8:00 AM
9:00 AM
10:00 AM
11:00 AM
12:00 PM
13:00 PM
14:00 PM
15:00 PM
16:00 PM
17:00 PM
18:00 PM
19:00 PM
20:00 PM
21:00 PM
22:00 PM
23:00 PM

* 시간별로 계획을 세워보세요.

PREVIEW
CHECK LIST - 성산읍/우도면

LANDMARK LIST

- ☐ 검멀레 동굴
- ☐ 검멀레해수욕장
- ☐ 고흐의 정원
- ☐ 광치기해변
- ☐ 김영갑갤러리 두모악
- ☐ 남산봉
- ☐ 드르쿰다 in성산
- ☐ 미천굴
- ☐ 베니스랜드
- ☐ 비양도
- ☐ 빛의 벙커
- ☐ 성산포유람선
- ☐ 섭지코지
- ☐ 성산, 세화 해안도로
- ☐ 석사일출보
- ☐ 성산포항
- ☐ 쇠머리오름
- ☐ 신양 섭지코지 해변
- ☐ 신풍 신천 바다목장
- ☐ 아쿠아플라넷 제주
- ☐ 어멍아방잔치마을
- ☐ 온평리 황해장성
- ☐ 우도 봉수대
- ☐ 우도박물관
- ☐ 우도봉
- ☐ 우도산호해변
- ☐ 우도아름다운소풍
- ☐ 우도정원
- ☐ 유민미술관
- ☐ 일출랜드
- ☐ 제주공룡동물농장
- ☐ 제주커피박물관 baum
- ☐ 제주해양동물박물관
- ☐ 낑구니유채꽃빝
- ☐ 하고수동해수욕장
- ☐ 현애원
- ☐ 혼인지
- ☐ 훈데르트바서파크

TO DO LIST

- ☐ 광치기해변 갯무꽃 보기
- ☐ 김정문알로에 알로에숲 온실 관람
- ☐ 동안경굴에 보트타기
- ☐ 밭318 카페 유채밭뷰 보며 커피 마시기
- ☐ 브라보비치카페 성산일출봉과 오션뷰
- ☐ 빛의벙커 미디어아트 관람
- ☐ 서귀피안 베이커리 사진찍기
- ☐ 스쿠터타고 우도여행
- ☐ 아쿠아플라넷 제주 관람
- ☐ 우도정원 백일홍 보기
- ☐ 우도정원 버베나 보기
- ☐ 우도정원 야자숲, 핑크뮬리 정원 산책
- ☐ 이스틀리카페&현애원 핑크뮬리와 동백뷰
- ☐ 훈데르트바서파크 사진찍기

MUST DO ACTIVITIES LIST

- ☐ 뷰 제주하늘 말타고 오름 오르기
- ☐ 아쿠아플라넷 제주 프리다이빙 대형수조 프리다이빙
- ☐ 우도 올레보트
- ☐ 우도 전기자전거, 스쿠터
- ☐ 우도올레보트 수상보트 수상보트
- ☐ 이브이트립 전동스쿠터

MUST EAT LIST

- ☐ 가시아방국수 고기국수
- ☐ 그리운바다 성산포 회
- ☐ 꽃가람 고기국수와 돔베고기
- ☐ 맛나식당 갈치조림
- ☐ 보룡제과 마늘바게트
- ☐ 복자씨연탄구이 흑돼지 연탄구이
- ☐ 부촌 성게 미역국
- ☐ 불특정식당 코스요리
- ☐ 섭지코지로 고등어회, 딱세우회
- ☐ 어머니닭집 후라이드치킨
- ☐ 온평바다한그릇 해물라면, 모듬회
- ☐ 우도짜맨 톳짜장면
- ☐ 우도해녀식당 보말 칼국수
- ☐ 전망좋은횟집&흑돼지 흑돼지 요리
- ☐ 파도소리해녀촌 톳 손칼국수
- ☐ 훈데르트윈즈 도넛

MUST BUYING LIST

- ☐ 목화휴게소 반건조 오징어
- ☐ 안녕성산 귤 굿즈
- ☐ 안녕육지사람 땅콩잼
- ☐ 예담떡집 오메기떡
- ☐ 외도그린포크 흑돼지
- ☐ 우진해장국 해장국
- ☐ 일출봉쑥빵보리빵 보리찐빵
- ☐ 저스트브레드 고사리잠봉뵈르
- ☐ 제주i 엽서 등 문구류
- ☐ 카페 바르 과일청

*어떻게 여행을 해야하는지 알려드려요.

TRAVEL PLAN
SUMMARY - 성산읍/우도면

TITLE

- ■ DATE   /   /   ~   /   /
- ■ TOWN
- ■ WITH
- ■ VEHICLE

MUST GO PLACES

- ■
- ■
- ■
- ■
- ■
- ■
- ■
- ■
- ■
- ■
- ■
- ■
- ■
- ■
- ■
- ■
- ■
- ■
- ■
- ■
- ■

STAY

MUST EAT FOODS

MUST GO RESTAURANTS

MUST GO CAFE

MUST BUYING

MUST DO ACTIVITIES

MEMOS

* 지도를 보면서 나만의 여행계획을 만들어 보세요.

TIME LINE
SCHEDULE - 성산읍/우도면

DAY 1   /   /   ~   /   /

- 8:00 AM
- 9:00 AM
- 10:00 AM
- 11:00 AM
- 12:00 PM
- 13:00 PM
- 14:00 PM
- 15:00 PM
- 16:00 PM
- 17:00 PM
- 18:00 PM
- 19:00 PM
- 20:00 PM
- 21:00 PM
- 22:00 PM
- 23:00 PM

DAY 2   /   /   ~   /   /

- 8:00 AM
- 9:00 AM
- 10:00 AM
- 11:00 AM
- 12:00 PM
- 13:00 PM
- 14:00 PM
- 15:00 PM
- 16:00 PM
- 17:00 PM
- 18:00 PM
- 19:00 PM
- 20:00 PM
- 21:00 PM
- 22:00 PM
- 23:00 PM

* 시간별로 계획을 세워보세요.

CHECK LIST - 표선면

LANDMARK LIST

- ☐ 가문이 오름
- ☐ 가세오름
- ☐ 가시리 마을
- ☐ 개오름
- ☐ 거슨새미
- ☐ 낙타트래킹
- ☐ 노바운더리 제주
- ☐ 다이나믹메이즈 제주
- ☐ 달제주
- ☐ 당케포구
- ☐ 따라비 오름
- ☐ 말로
- ☐ 모카다방
- ☐ 목장카페 드르쿰다
- ☐ 목장카페 밭디
- ☐ 백약이오름
- ☐ 보내다제주
- ☐ 보롬왓
- ☐ 붉은오름
- ☐ 블루보틀 제주 카페
- ☐ 성읍랜드
- ☐ 성읍민속마을
- ☐ 세계술박물관
- ☐ 신천리(용궁올레)
- ☐ 아줄레주
- ☐ 영주산
- ☐ 오늘은녹차한잔
- ☐ 정석비행장
- ☐ 정의향교
- ☐ 정의현성
- ☐ 제주 성읍마을 고창환 고택
- ☐ 제주 성읍마을 고평오 고택
- ☐ 제주 허브동산
- ☐ 제주민속촌
- ☐ 큰사슴이오름
- ☐ 포토갤러리 자연사랑미술관
- ☐ 표선해수욕장

TO DO LIST

- ☐ 가시리마을 벚꽃보기
- ☐ 돌코롬봉봉에서 편지에 고민 적어보기
- ☐ 드르쿰다에서 조랑말 체험하기
- ☐ 따라비오름 억새보기
- ☐ 백약이 오름 오르기
- ☐ 보내다제주 감귤체험하기
- ☐ 보롬왓에서 맨드라미 보기
- ☐ 성읍리에서 갯무꽃 보기
- ☐ 수국철에 제주민속촌 둘러보기
- ☐ 오늘은녹차한잔 동굴샷 찍기
- ☐ 오늘은카트레이싱에서 녹차밭 보면서 카트타기
- ☐ 유채꽃프라자 풍력발전기, 유채보기
- ☐ 정석항공관 유채꽃밭 사진찍기
- ☐ 제주아리랑 혼에서 태권 뮤지컬 관람

MUST DO ACTIVITIES LIST

- ☐ 다카포 수영과 모래놀이
- ☐ 달무지개 돌액자 만들기
- ☐ 목장카페 밭디 승마, 자전거
- ☐ 성읍랜드 ATV, 승마,카트 라이딩
- ☐ 엘리야273 가죽원데이
- ☐ 향기다움 향수 만들기

MUST EAT LIST

- ☐ 가시식당 순대국
- ☐ 광동식당 두루치기
- ☐ 나목도식당 두루치기
- ☐ 노바운더리 제주 전복내장 리조또
- ☐ 당케올레국수 보말칼국수
- ☐ 당포로나인 돈가스
- ☐ 만덕이네 전복 두루치기
- ☐ 복돼지식당고사리 주물럭
- ☐ 성신흑돼지 흑돼지
- ☐ 옛날팥죽 새알팥죽
- ☐ 웨이브 THE 버거
- ☐ 제주 판타스틱버거 베이직버거
- ☐ 제주촌집 흑돼지
- ☐ 초가헌 제주시 찹쌀떡 기름떡
- ☐ 카페 돗돗헌 쉰다리, 보리개역
- ☐ 표선우동가게 돈가스,우동

MUST BUYING LIST

- ☐ 달무지개 제주굿즈
- ☐ 미션팜 감귤
- ☐ 성읍점빵 제주굿즈
- ☐ 소드락이 쿠키 세트
- ☐ 오늘은녹차한잔 녹차제품
- ☐ 옵서빵집 녹차빵, 녹차야채 샐러드빵
- ☐ 초가시월 메밀별떡
- ☐ 카페 돗돗헌 제주굿즈
- ☐ 표선오일시장 수산물
- ☐ 하율이네 감귤농장 귤

*어떻게 여행을 해야하는지 알려드려요.

TRAVEL PLAN
SUMMARY - 표선면

TITLE

- DATE   /   /   ~   /   /
- TOWN
- WITH
- VEHICLE

MUST GO PLACES

STAY

MUST EAT FOODS

MUST GO RESTAURANTS

MUST GO CAFE

MUST BUYING

MUST DO ACTIVITIES

MEMOS

* 지도를 보면서 나만의 여행계획을 만들어 보세요.

TIME LINE
SCHEDULE - 표선면

DAY 1   /   /   ~   /   /

8:00 AM

9:00 AM

10:00 AM

11:00 AM

12:00 PM

13:00 PM

14:00 PM

15:00 PM

16:00 PM

17:00 PM

18:00 PM

19:00 PM

20:00 PM

21:00 PM

22:00 PM

23:00 PM

DAY 2   /   /   ~   /   /

8:00 AM

9:00 AM

10:00 AM

11:00 AM

12:00 PM

13:00 PM

14:00 PM

15:00 PM

16:00 PM

17:00 PM

18:00 PM

19:00 PM

20:00 PM

21:00 PM

22:00 PM

23:00 PM

* 시간별로 계획을 세워보세요.

PREVIEW
CHECK LIST - 남원읍

LANDMARK LIST

- ☐ 건축학개론 한가인집
- ☐ 고살리숲길
- ☐ 공천포
- ☐ 구시물
- ☐ 금호리조트 제주아쿠아나
- ☐ 남원큰엉해변
- ☐ 너븐
- ☐ 동백포레스트
- ☐ 뚜미정원
- ☐ 머체왓숲길
- ☐ 모노클제주
- ☐ 물영아리오름
- ☐ 사라오름
- ☐ 선광사
- ☐ 성판악
- ☐ 쇠소깍
- ☐ 쇠소깍 산물 관광농원
- ☐ 수망다원
- ☐ 신흥2리마을 동백마을
- ☐ 양금석가옥
- ☐ 열대과일농장 유진팡
- ☐ 위미항
- ☐ 유동커피
- ☐ 이승악오름
- ☐ 이음새농장
- ☐ 제주동백수목원
- ☐ 제주신영영화박물관
- ☐ 지귀도
- ☐ 최남단체험감귤농장
- ☐ 코코에코파크 제주점
- ☐ 큰엉해안경승지
- ☐ 태웃개
- ☐ 편백포레스트
- ☐ 하례감귤체험농장
- ☐ 한남시험림
- ☐ 휴애리자연생활공원

TO DO LIST

- ☐ 5.16도로숲터널 드라이브
- ☐ 루브리라운지 감귤밭, 동백정원보며 커피 마시기
- ☐ 모노클제주 빵지순례하기
- ☐ 쇠소깍 산물 관광농원 감귤 체험
- ☐ 수망다원 녹차뷰 카페투어
- ☐ 열대과일농장 유진팡에서 바나나따기
- ☐ 위미동백나무군락 사진찍기
- ☐ 이승악오름 오르기
- ☐ 제주동백수목원에서 동백꽃 사진찍기
- ☐ 지귀도에서 벵에돔 낚시하기
- ☐ 최남단체험감귤농장 귤따기 체험하기
- ☐ 코코몽에코파크에서 놀기
- ☐ 큰엉해안경승지 한반도 포토존 사진찍기
- ☐ 휴애리자연생활공원 수국보기

MUST DO ACTIVITIES LIST

- ☐ 쇠소깍 투명카약, 수상사선수
- ☐ 제주다이브클럽 프리다이빙 다이빙 강습
- ☐ 제주요트투어 위미점 요트투어
- ☐ 태웃개 스노쿨링
- ☐ 편백포레스트 흑염소 먹이주기 체험
- ☐ 이브이트립 전동스쿠터

MUST EAT LIST

- ☐ 공천포식당 한치물회
- ☐ 네이처캔버스바베큐 텍사스식 BBQ
- ☐ 뉴남원분식 흑돼지불고기덮밥
- ☐ 띠미 순대국밥
- ☐ 레스토랑점심 돈카츠
- ☐ 로빙화 수제버거, 반반피자
- ☐ 마므레 흑돼지&양갈비 바비큐
- ☐ 만월당 전복 리조또
- ☐ 모노클제주 까눌레
- ☐ 범일분식 막창순대
- ☐ 섬소나이 위미점 짬뽕
- ☐ 세러데이아일랜드 이탈리안
- ☐ 오뚜기빵집 수제햄버거
- ☐ 유동커피 커피
- ☐ 토향 옥돔국, 생선구이
- ☐ 하례정원 리조또와 파스타

MUST BUYING LIST

- ☐ 공존제주 한라봉
- ☐ 물드련마씸 천연염색소품
- ☐ 바다보석 액세서리
- ☐ 백한철 꽈배기&식빵
- ☐ 수망다원 녹차, 말차 선물세트
- ☐ 수와래 베이커리 소금빵
- ☐ 요망진제주 애플망고
- ☐ 위미상회 스테인드글라스 소품
- ☐ 쏠개협동조합 블루베리
- ☐ 하례점빵 상웨빵

* 어떻게 여행을 해야하는지 알려드려요.

TRAVEL PLAN
SUMMARY - 남원읍

TITLE

- DATE   /   /   ~   /   /
- TOWN
- WITH
- VEHICLE

MUST GO PLACES

STAY

MUST EAT FOODS

MUST GO RESTAURANTS

MUST GO CAFE

MUST BUYING

MUST DO ACTIVITIES

MEMOS

* 지도를 보면서 나만의 여행계획을 만들어 보세요.

TIME LINE
SCHEDULE - 남원읍

DAY 1 / / ~ / /

- 8:00 AM
- 9:00 AM
- 10:00 AM
- 11:00 AM
- 12:00 PM
- 13:00 PM
- 14:00 PM
- 15:00 PM
- 16:00 PM
- 17:00 PM
- 18:00 PM
- 19:00 PM
- 20:00 PM
- 21:00 PM
- 22:00 PM
- 23:00 PM

DAY 2 / / ~ / /

- 8:00 AM
- 9:00 AM
- 10:00 AM
- 11:00 AM
- 12:00 PM
- 13:00 PM
- 14:00 PM
- 15:00 PM
- 16:00 PM
- 17:00 PM
- 18:00 PM
- 19:00 PM
- 20:00 PM
- 21:00 PM
- 22:00 PM
- 23:00 PM

* 시간별로 계획을 세워보세요.

PREVIEW
CHECK LIST - 서귀포시

LANDMARK LIST

- ☐ 1100고지습지
- ☐ 서귀포 자연휴양림
- ☐ 워터월드
- ☐ 강정천
- ☐ 서귀포 치유의 숲
- ☐ 원앙폭포
- ☐ 갯깍주상절리대
- ☐ 서귀포 하논분화구
- ☐ 월령포구
- ☐ 고근산
- ☐ 서귀포유람선
- ☐ 이중섭 문화거리
- ☐ 대포 주상절리대
- ☐ 서귀포잠수함
- ☐ 이중섭미술관
- ☐ 돈내코유원지
- ☐ 선녀탕
- ☐ 정방폭포
- ☐ 번개과학관
- ☐ 선임교
- ☐ 제주 유리박물관
- ☐ 범섬
- ☐ 섶섬
- ☐ 제주다원
- ☐ 법화사지
- ☐ 세계 조가비 박물관
- ☐ 제지기오름
- ☐ 법환포구
- ☐ 세리월드
- ☐ 조안베어뮤지엄
- ☐ 별내린전망대
- ☐ 소천지
- ☐ 중문관광단지
- ☐ 보목마을
- ☐ 숨도
- ☐ 중문색달해변
- ☐ 삼매봉
- ☐ 쉬리의 언덕
- ☐ 천제연 폭포
- ☐ 상효원 수목원
- ☐ 아프리카 박물관
- ☐ 천지연폭포
- ☐ 새섬
- ☐ 엉덩물계곡
- ☐ 한라산
- ☐ 새연교
- ☐ 엉또폭포
- ☐ 한라산 영실
- ☐ 서건도
- ☐ 여미지 식물원
- ☐ 황우지 해안
- ☐ 서귀포 시립 기당미술관
- ☐ 왈종미술관
- ☐ 황우지해안 열두굴
- ☐ 서귀포 올레시장
- ☐ 외돌개
- ☐ SOS박물관

TO DO LIST

- ☐ 고근산 철쭉 보기
- ☐ 무비랜드왁스뮤지엄 밀랍인형 보기
- ☐ 벙커하우스 돌고래 보기
- ☐ 상효원 백일홍 보기
- ☐ 상효원 샤스타데이지 보기
- ☐ 선작지왓(윗세오름) 철쭉 보기
- ☐ 숨도 능소화 인증샷찍기
- ☐ 스토리캐슬 EP.1 더 신데렐라 미디어아트 체험
- ☐ 영락리방파제 돌고래 보기
- ☐ 원앙폭포에서 인증샷찍기
- ☐ 윗세오름 등반하기
- ☐ 중문향토오일시장 시장투어
- ☐ 천제연 폭포 투어
- ☐ 카페 귤꽃다락 사진 찍기

MUST DO ACTIVITIES LIST

- ☐ 세리월드 카트,승마체험
- ☐ 쇠소깍해양레저타운 수상보트 제트보트
- ☐ 윈드1947 테마파크 사격, 카트
- ☐ 제주바당 프리다이빙 다이빙 강습
- ☐ 제주실탄사격장 실탄사격 체험
- ☐ 제주제트 수상보트 배낚시, 제트보트

MUST EAT LIST

- ☐ 88버거 흑돼지 패티 수제버거
- ☐ 둘레길 중문 본점 흑돼지 오믈렛
- ☐ 가람돌솥밥 해산물 돌솥 밥
- ☐ 뽈살집 본점 흑돼지 특수부위
- ☐ 고집돌우럭 중문점 우럭 한상
- ☐ 삼미흑돼지 중문점 흑돼지 요리
- ☐ 국수바다 본점 비빔 고기국수
- ☐ 숙성도 중문점 숙성 흑돼지
- ☐ 까망돼지 중문점 흑돼지와 명이나물
- ☐ 어진이네횟집 물회
- ☐ 난드르바당 흑돼지 요리
- ☐ 중문 모메든식당 야외 흑돼지
- ☐ 네거리식당 갈치국
- ☐ 중앙통닭 마늘치킨
- ☐ 디정이네 물레시장 본점 매운낼치고주 김밥
- ☐ 흑돼지 해물 삼합 흑돼지 해물 삼합

MUST BUYING LIST

- ☐ 만달 현무암 캔들
- ☐ 바다바라 카페&베이커리 바다 샌드
- ☐ 볼스카페 소금빵
- ☐ 빵드밀 쿠키
- ☐ 선물고팡 감귤 우비
- ☐ 아베베베이커리 크림빵
- ☐ 와인가게바나나 와인
- ☐ 테디베어뮤지엄 곰인형
- ☐ 프랑제리 사과빵
- ☐ 헬로키티아일랜드 제주한정 산리오 굿즈

*어떻게 여행을 해야하는지 알려드려요.

TRAVEL PLAN
SUMMARY - 서귀포시

TITLE

- DATE   /   /   ~   /   /
- TOWN
- WITH
- VEHICLE

MUST GO PLACES

-
-
-
-
-
-
-
-
-
-
-
-
-
-
-
-
-
-
-
-
-
-

STAY

MUST EAT FOODS

MUST GO RESTAURANTS

MUST GO CAFE

MUST BUYING

MUST DO ACTIVITIES

MEMOS

* 지도를 보면서 나만의 여행계획을 만들어 보세요.

TIME LINE
SCHEDULE - 서귀포시

DAY 1   /   /   ~   /   /

8:00 AM
9:00 AM
10:00 AM
11:00 AM
12:00 PM
13:00 PM
14:00 PM
15:00 PM
16:00 PM
17:00 PM
18:00 PM
19:00 PM
20:00 PM
21:00 PM
22:00 PM
23:00 PM

DAY 2   /   /   ~   /   /

8:00 AM
9:00 AM
10:00 AM
11:00 AM
12:00 PM
13:00 PM
14:00 PM
15:00 PM
16:00 PM
17:00 PM
18:00 PM
19:00 PM
20:00 PM
21:00 PM
22:00 PM
23:00 PM

* 시간별로 계획을 세워보세요.

PREVIEW
CHECK LIST - 안덕면

LANDMARK LIST

- ☐ 거리오름
- ☐ 건강과 성 박물관
- ☐ 군산오름
- ☐ 남송이오름
- ☐ 대평포구
- ☐ 돌오름
- ☐ 무민랜드
- ☐ 바굼지 오름
- ☐ 바이나흐트크리스마스 박물관
- ☐ 박수기정
- ☐ 발자국화석공원
- ☐ 방주교회
- ☐ 본태박물관
- ☐ 뽀로로앤타요 테마파크
- ☐ 사계해변
- ☐ 산방굴사
- ☐ 산방산
- ☐ 산방산 유람선
- ☐ 산방산 탄산온천
- ☐ 세계자동차 제주박물관
- ☐ 소인국 테마파크
- ☐ 수풍석 뮤지엄
- ☐ 안덕계곡
- ☐ 오설록 티 뮤지엄
- ☐ 용머리해안
- ☐ 월라봉 진지동굴
- ☐ 점보빌리지
- ☐ 제주 항공우주박물관
- ☐ 제주신화월드
- ☐ 카멜리아힐
- ☐ 토이파크
- ☐ 피규어뮤지엄 제주
- ☐ 하멜상선전시관
- ☐ 헬로키티아일랜드
- ☐ 형제섬
- ☐ 형제해안도로
- ☐ 화순금모래 해수욕장
- ☐ 황우치해변

TO DO LIST

- ☐ 군산오름 오르기
- ☐ 루나폴 야경
- ☐ 루나피크닉 작품 감상
- ☐ 무민랜드 관람하기
- ☐ 문화예술마을 저지리 농어촌 체험
- ☐ 바이나흐트 크리스마스박물관 전시 관람
- ☐ 방주교회 건물앞 사진찍기
- ☐ 본태박물관 전시관람하기
- ☐ 사계해안 마린포트홀 사진찍기
- ☐ 산방산 유채밭 사진찍기
- ☐ 신화역사공원 샤스타데이지 보기
- ☐ 안덕면사무소 수국길 가기
- ☐ 카멜리아힐 동백과 핑크뮬리
- ☐ 헬로키티아일랜드 관람하기

MUST DO ACTIVITIES LIST

- ☐ 대평포구 바다낚시
- ☐ 비고르서프 프리다이빙
- ☐ 신화워터파크 물놀이
- ☐ 알라딘호 선상낚시 배낚시
- ☐ 제주해양레저파크 씨워킹

MUST EAT LIST

- ☐ 거멍국수 고기국수
- ☐ 도희네해장국 양평해장국, 닭칼국수
- ☐ 돗통 솔뚜껑 흑돼지
- ☐ 무로이 항아리 티라미수
- ☐ 산방산초가집 해산물요리 한상
- ☐ 서광춘희 춘희면, 새우튀김라면
- ☐ 순천미향 제주산방산본점 제왕삼합
- ☐ 오설록 녹사아이스크림
- ☐ 잇뽕사계 본카츠, 짬뽕
- ☐ 제주선채향 전복 칼국수
- ☐ 제주진미마돈가 본점 말고기
- ☐ 제주해조네 보말성게전문점 보말,성게요리
- ☐ 춘미향 춘미향정식
- ☐ 춘심이네 본점 통갈치구이
- ☐ 카페앤드효은양갱 수제양갱
- ☐ 토끼트멍 무늬오징어, 돌문어볶음

MUST BUYING LIST

- ☐ 무민랜드 굿즈
- ☐ 미카의 달콤한 작업실 초콜릿
- ☐ 바이나흐트 크리스마스박물관 기념품
- ☐ 사계제과 마카롱
- ☐ 소소당 양갱
- ☐ 오설록 티뮤지엄 오설록티
- ☐ 이니스프리 제주하우스 화장품
- ☐ 프리튀르 수제 도너츠
- ☐ 헬로키티아일랜드 굿즈
- ☐ 효은양갱 한라봉양갱

* 어떻게 여행을 해야하는지 알려드려요.

TRAVEL PLAN
SUMMARY - 안덕면

TITLE

- DATE   /   /   ~   /   /
- TOWN
- WITH
- VEHICLE

MUST GO PLACES

STAY

MUST EAT FOODS

MUST GO RESTAURANTS

MUST GO CAFE

MUST BUYING

MUST DO ACTIVITIES

MEMOS

* 지도를 보면서 나만의 여행계획을 만들어 보세요.

TIME LINE
SCHEDULE - 안덕면

DAY 1 / / ~ / /

8:00 AM
9:00 AM
10:00 AM
11:00 AM
12:00 PM
13:00 PM
14:00 PM
15:00 PM
16:00 PM
17:00 PM
18:00 PM
19:00 PM
20:00 PM
21:00 PM
22:00 PM
23:00 PM

DAY 2 / / ~ / /

8:00 AM
9:00 AM
10:00 AM
11:00 AM
12:00 PM
13:00 PM
14:00 PM
15:00 PM
16:00 PM
17:00 PM
18:00 PM
19:00 PM
20:00 PM
21:00 PM
22:00 PM
23:00 PM

* 시간별로 계획을 세워보세요.

PREVIEW
CHECK LIST - 대정읍

LANDMARK LIST

- ☐ 가파도
- ☐ 가파도 마라도 정기여객선
- ☐ 가파도 상동포구
- ☐ 곶자왈
- ☐ 남문지못
- ☐ 노리매공원
- ☐ 노을해안로
- ☐ 단산과 방사탑
- ☐ 대정면 4.3사건 위령비
- ☐ 대정해변(하모해변)
- ☐ 동알오름
- ☐ 동일리포구
- ☐ 마라도
- ☐ 마라도 대한민국 최남단비
- ☐ 모슬봉
- ☐ 모슬포항
- ☐ 무릉곶자왈
- ☐ 무릉도원마을
- ☐ 미쁜제과
- ☐ 발자국화석공원
- ☐ 브랭섬홀아시아 아이스링크
- ☐ 송악산
- ☐ 송악산 진지동굴
- ☐ 송악카트체험장
- ☐ 수월이못
- ☐ 신도포구
- ☐ 알뜨르비행장
- ☐ 영락리방파제
- ☐ 일본군비행기격납고
- ☐ 제주곶자왈도립공원
- ☐ 제주도예촌
- ☐ 제주추사관
- ☐ 초콜릿박물관
- ☐ 추사유배길
- ☐ 추사적거지
- ☐ 케이제주씨워킹
- ☐ 형제해안도로
- ☐ M1971 요트투어

TO DO LIST

- ☐ 가파도 청보리 감상
- ☐ 노리매공원 핑크뮬리 감상
- ☐ 녹남봉오름 백일홍 감상
- ☐ 단산 오름 오르기
- ☐ 마라도 등대투어
- ☐ 마라도 억새 감상
- ☐ 벨진밧 감성사진 찍기
- ☐ 송악산 둘레길 투어
- ☐ 송악산 진지동굴 프레임샷 찍기
- ☐ 송악산에서 한라산,마라도 보기
- ☐ 알뜨르비행장 다크투어하기
- ☐ 어린왕자감귤밭 동물 먹이주기 체험하기
- ☐ 일본군비행기격납고 다크투어
- ☐ 추사유배길 둘레길 걷기

MUST DO ACTIVITIES LIST

- ☐ 미쁜제과 돌고래 투어
- ☐ 송악산 진지동굴 다크투어
- ☐ 송악카트체험장 카트라이딩
- ☐ 알뜨르비행장 다크투어
- ☐ 추사 유배길 둘레길 투어
- ☐ 하모씨워킹

MUST EAT LIST

- ☐ 글라글라하와이 하와이안해물찜
- ☐ 날외15 수제요거트
- ☐ 마라도 해녀촌짜장 톳 짜장면
- ☐ 만선식당 고등어 회
- ☐ 모슬포한라전복 전복 돌솥밥
- ☐ 미영이네 식당 고등어회
- ☐ 봉순이네흑돼지 흑돼지 모듬
- ☐ 산방식당 밀면
- ☐ 스모크하우스인구억 미국식 수제버거
- ☐ 애플망고1947 애플망고빙수
- ☐ 옥돔식당 보말전복칼국수
- ☐ 원조마라도 해망짜장면집 톳짜장면
- ☐ 이창명 짜장면 시키신분
- ☐ 제2덕승 갈치조림
- ☐ 큰돈가 본점 유채꽃 비빔국수
- ☐ 트라몬토 해산물오일파스타

MUST BUYING LIST

- ☐ 곱뜨락아띠 맞춤 향수
- ☐ 밭담호박 인절미
- ☐ 생활도구점 소품
- ☐ 소색채본 크루아상
- ☐ 수애기베이커리 소금빵, 마늘빵
- ☐ 아트살롱 제주 트래블키트
- ☐ 온니빵집 찹쌀떡
- ☐ 지금사계 레진아트 소품
- ☐ 초콜릿박물관 초콜릿

* 어떻게 여행을 해야하는지 알려드려요.

TRAVEL PLAN
SUMMARY - 대정읍

TITLE

- DATE   /   /   ~   /   /
- TOWN
- WITH
- VEHICLE

MUST GO PLACES

STAY

MUST EAT FOODS

MUST GO RESTAURANTS

MUST GO CAFE

MUST BUYING

MUST DO ACTIVITIES

MEMOS

* 지도를 보면서 나만의 여행계획을 만들어 보세요.

TIME LINE
SCHEDULE - 대정읍

DAY 1   /   /   ~   /   /

8:00 AM
9:00 AM
10:00 AM
11:00 AM
12:00 PM
13:00 PM
14:00 PM
15:00 PM
16:00 PM
17:00 PM
18:00 PM
19:00 PM
20:00 PM
21:00 PM
22:00 PM
23:00 PM

DAY 2   /   /   ~   /   /

8:00 AM
9:00 AM
10:00 AM
11:00 AM
12:00 PM
13:00 PM
14:00 PM
15:00 PM
16:00 PM
17:00 PM
18:00 PM
19:00 PM
20:00 PM
21:00 PM
22:00 PM
23:00 PM

* 시간별로 계획을 세워보세요.

PREVIEW
CHECK LIST - 한경면

LANDMARK LIST

- ☐ 가마오름
- ☐ 가마오름 진지동굴
- ☐ 건강장수마을 산양리 농어촌체험
- ☐ 곶자왈공원
- ☐ 굴당리 협재점
- ☐ 당산봉
- ☐ 당오름
- ☐ 방림원
- ☐ 비체올린
- ☐ 산양곶자왈
- ☐ 생각하는 정원
- ☐ 생이기정
- ☐ 성김대건신부표착기념관
- ☐ 수월봉
- ☐ 수월봉 지질트레일
- ☐ 신창리포구
- ☐ 신창풍차해안도로
- ☐ 싱계물공원
- ☐ 엉알해안
- ☐ 엉알해안산책로
- ☐ 용수항
- ☐ 울트라마린
- ☐ 자구내포구
- ☐ 저지예술인마을
- ☐ 저지오름
- ☐ 제주고산리유적
- ☐ 제주도립김창열미술관
- ☐ 제주유리의 성
- ☐ 제주현대미술관
- ☐ 차귀도
- ☐ 차귀해안도로
- ☐ 책은선물
- ☐ 청수곶자왈
- ☐ 청수성결교회
- ☐ 클랭블루
- ☐ 판포오름
- ☐ 판포포구
- ☐ 해거름전망대

TO DO LIST

- ☐ 당산봉 일몰 감상
- ☐ 비체올린 카약타기
- ☐ 비체올린에서 버베나 보기
- ☐ 산양큰엉곶 숲 산책
- ☐ 수월봉 노을 감상
- ☐ 신창 투명카약 체험
- ☐ 신창풍차해안로 드라이빙
- ☐ 싱계물공원 풍력발전기 감상
- ☐ 아홉굿마을 사진 촬영
- ☐ 엉알해안 해안절벽 감상
- ☐ 차귀도 억새 감상
- ☐ 차귀해안도로 드라이빙
- ☐ 차귀도 요트투어
- ☐ 판포포구 스노쿨링

MUST DO ACTIVITIES LIST

- ☐ 다이브자이언트 제주 프리다이빙 스쿠버 강습
- ☐ 블루웨이 프리다이브 다이빙 킹습
- ☐ 비체올린에서 카약타기
- ☐ 신창 투명카약
- ☐ 제주환상전기자전거 자전거투어
- ☐ 판포포구 스노쿨링

MUST EAT LIST

- ☐ 데미안 돈까스 정식
- ☐ 뚱보아저씨 갈치구이
- ☐ 마루나키친 딱새우장
- ☐ 맛있는폴부엌 샐러드
- ☐ 몽땅 롤치즈돈까스
- ☐ 물통식당 흑돼지
- ☐ 별돋별 정원본점 흑돼지
- ☐ 알동네집 자투리고기
- ☐ 양가형제 경버거
- ☐ 오지힐 호주식비건베이커리
- ☐ 울트라마린 당근케이크
- ☐ 웃뜨르우리돼지 흑돼지
- ☐ 제주돗 근고기
- ☐ 채훈이네 해장국 고사리 육개장
- ☐ 코코메아 미트파이
- ☐ 풍당라민 해물라면

MUST BUYING LIST

- ☐ 디자인에이비 디자인소품
- ☐ 세컨드찬스 공방 수제 스템프
- ☐ 영순이농장 비트즙
- ☐ 유명제과 도넛
- ☐ 제주 유리의성 유리기념품
- ☐ 책은선물 도서
- ☐ 클랭블루 드립백
- ☐ 프란츠스토어 소품
- ☐ 하루애제주 라탄공예품
- ☐ 호소로 커피 드립백

* 어떻게 여행을 해야하는지 알려드려요.

TRAVEL PLAN
SUMMARY - 한경면

TITLE

- DATE   /   /   ~   /   /
- TOWN
- WITH
- VEHICLE

MUST GO PLACES

-
-
-
-
-
-
-
-
-
-
-
-
-
-
-
-
-
-
-
-
-
-

STAY

MUST EAT FOODS

MUST GO RESTAURANTS

MUST GO CAFE

MUST BUYING

MUST DO ACTIVITIES

MEMOS

* 지도를 보면서 나만의 여행계획을 만들어 보세요.

TIME LINE
SCHEDULE - 한경면

DAY 1　　/　　/　　~　　/　　/

- 8:00 AM
- 9:00 AM
- 10:00 AM
- 11:00 AM
- 12:00 PM
- 13:00 PM
- 14:00 PM
- 15:00 PM
- 16:00 PM
- 17:00 PM
- 18:00 PM
- 19:00 PM
- 20:00 PM
- 21:00 PM
- 22:00 PM
- 23:00 PM

DAY 2　　/　　/　　~　　/　　/

- 8:00 AM
- 9:00 AM
- 10:00 AM
- 11:00 AM
- 12:00 PM
- 13:00 PM
- 14:00 PM
- 15:00 PM
- 16:00 PM
- 17:00 PM
- 18:00 PM
- 19:00 PM
- 20:00 PM
- 21:00 PM
- 22:00 PM
- 23:00 PM

* 시간별로 계획을 세워보세요.

PREVIEW
CHECK LIST - 한림읍

LANDMARK LIST

- ☐ 귀덕연대
- ☐ 그리스신화박물관
- ☐ 금능식물원
- ☐ 금능포구
- ☐ 금능해수욕장
- ☐ 금악오름
- ☐ 기독교순례길
- ☐ 누운오름
- ☐ 대수포구
- ☐ 더마카트
- ☐ 더마파크
- ☐ 라온승마클럽
- ☐ 명월국민학교
- ☐ 명월성지
- ☐ 무두지오름
- ☐ 배령연대
- ☐ 비블리아성서식물원
- ☐ 새시물
- ☐ 서부농업기술센터
- ☐ 성이시돌목장
- ☐ 성클라라수도원 금악성당
- ☐ 쌍용굴
- ☐ 옹포포구
- ☐ 월령선인장군락지
- ☐ 월림포구
- ☐ 정물오름
- ☐ 제주돌마을공원
- ☐ 제주카트클럽
- ☐ 트릭아이미술관
- ☐ 평수포구
- ☐ 한림공원
- ☐ 한림바다체험마을
- ☐ 한림항
- ☐ 한림해안도로
- ☐ 해거름전망대
- ☐ 협재굴
- ☐ 협재포구
- ☐ 협재해수욕장

TO DO LIST

- ☐ 금능해수욕장 물놀이
- ☐ 금악오름 등반
- ☐ 명월 팽나무 군락 감상
- ☐ 명월국민학교 프리마켓
- ☐ 비양도 투어
- ☐ 선이시돌목장 산책
- ☐ 정물오름 등반
- ☐ 제주맥주양조장 투어
- ☐ 키친 오즈에서 핑크뮬리보기
- ☐ 한라산소주공장 투어
- ☐ 한림공원 숲산책
- ☐ 한림해안도로 드라이빙
- ☐ 협재해수욕장 물놀이
- ☐ 협재해수욕장 바다수영

MUST DO ACTIVITIES LIST

- ☐ 귀덕바다 투명카약
- ☐ 더마카트 카트레이싱
- ☐ 새별레저ATV
- ☐ 수중산책 스킨스쿠버
- ☐ 액티브파크 클라이밍
- ☐ 제주바다하늘패러투어 행글라이딩

MUST EAT LIST

- ☐ 돌담너머바다 현무암치킨
- ☐ 면뽑는선생 만두빛는아내 만두 전골
- ☐ 명락스낵 한치튀김
- ☐ 문쏘 황게 카레
- ☐ 바당길 톳칼국수
- ☐ 별돈별 흑돼지요리
- ☐ 수우동 돈가스
- ☐ 안녕 협재씨 딱새우비빔밥
- ☐ 옥만이네 옥만이해물갈비찜
- ☐ 옹포바다횟집 모듬회
- ☐ 우무 푸딩
- ☐ 제갈양 제주 갈치조림
- ☐ 피어222 랍스터테일
- ☐ 한림칼국수 보말칼국수
- ☐ 한치앞도모를바다 떡볶이
- ☐ 협재 면차롱 중식

MUST BUYING LIST

- ☐ 만감협재 제주 양갱
- ☐ 수풀 향초
- ☐ 오노큐브 빵
- ☐ 오달콤제주 감귤 굿즈
- ☐ 제주 시차 화과자
- ☐ 제주벨미 협재점 흑돼지 육포
- ☐ 집의기록상점 타르트
- ☐ 카페 우무 푸딩
- ☐ 탈ㅣ쑥빵
- ☐ 한라봉 향수

* 어떻게 여행을 해야하는지 알려드려요.

TRAVEL PLAN
SUMMARY - 한림읍

TITLE

- ■ DATE   /   /   ~   /   /
- ■ TOWN
- ■ WITH
- ■ VEHICLE

MUST GO PLACES

- ■
- ■
- ■
- ■
- ■
- ■
- ■
- ■
- ■
- ■
- ■
- ■
- ■
- ■
- ■
- ■
- ■
- ■
- ■
- ■
- ■

STAY

MUST EAT FOODS

MUST GO RESTAURANTS

MUST GO CAFE

MUST BUYING

MUST DO ACTIVITIES

MEMOS

* 지도를 보면서 나만의 여행계획을 만들어 보세요.

TIME LINE
SCHEDULE - 한림읍

DAY 1   /   /   ~   /   /

8:00 AM
9:00 AM
10:00 AM
11:00 AM
12:00 PM
13:00 PM
14:00 PM
15:00 PM
16:00 PM
17:00 PM
18:00 PM
19:00 PM
20:00 PM
21:00 PM
22:00 PM
23:00 PM

DAY 2   /   /   ~   /   /

8:00 AM
9:00 AM
10:00 AM
11:00 AM
12:00 PM
13:00 PM
14:00 PM
15:00 PM
16:00 PM
17:00 PM
18:00 PM
19:00 PM
20:00 PM
21:00 PM
22:00 PM
23:00 PM

* 시간별로 계획을 세워보세요.

PREVIEW
CHECK LIST - 애월읍

LANDMARK LIST

- ☐ 9.81파크
- ☐ 가메오름
- ☐ 고내리포구
- ☐ 고내오름
- ☐ 곽지해수욕장
- ☐ 구엄리돌염전
- ☐ 구엄어촌체험마을
- ☐ 금성포구
- ☐ 기독교순례길
- ☐ 납읍난대림지대
- ☐ 노리터 서핑 패들보드
- ☐ 노티드 제주
- ☐ 더럭초등학교
- ☐ 도치돌 알파카목장
- ☐ 랜디스도넛 제주애월점
- ☐ 레이지펌프
- ☐ 렛츠런파크
- ☐ 렛츠런파크 제주 승마
- ☐ 무병장수 테마파크

- ☐ 문서프 서핑보드
- ☐ 미깡창고 카페
- ☐ 별레못동굴
- ☐ 새별오름
- ☐ 선운정사
- ☐ 수산유원지
- ☐ 수산저수지
- ☐ 아르떼뮤지엄
- ☐ 애월 한담 카약
- ☐ 애월고등학교 벚꽃
- ☐ 애월스쿠버다이빙
- ☐ 애월카페거리
- ☐ 애월한담공원
- ☐ 애월한담해안로
- ☐ 애월한담해안산책로
- ☐ 애월해안도로
- ☐ 어음리 억새 군락지
- ☐ 연화못
- ☐ 올레 16코스

- ☐ 윗세오름
- ☐ 익스트림제주 카약올레
- ☐ 장전지 벚꽃축제길
- ☐ 제주 어음리 빌레못동굴
- ☐ 제주승마공원
- ☐ 천아숲길 천아계곡
- ☐ 천아오름
- ☐ 큰노꼬메오름
- ☐ 큰바리메오름
- ☐ 테디베어사파리테지움
- ☐ 하가리 연꽃마을 연화지
- ☐ 한담해변
- ☐ 한라산어리목코스
- ☐ 항몽유적지
- ☐ 애월 하물
- ☐ 해지개
- ☐ 항파두리 항몽유적지
- ☐ 화조원

TO DO LIST

- ☐ 곽지해수욕장 일몰 구경
- ☐ 구엄리돌염전 일몰 반영 감상
- ☐ 더럭분교 인스타 사진찍기
- ☐ 미깡창고감귤밭 귤따기 체험
- ☐ 새별오름 등반
- ☐ 애월카페거리 투어
- ☐ 월령선인장군락지 산책
- ☐ 제주불빛정원 장미 감상
- ☐ 카페 마노르블랑 장미, 수국 감상
- ☐ 하가리 연꽃마을 연화지 감상
- ☐ 한담해변 유채꽃 감상
- ☐ 한담해변 투명카약
- ☐ 항몽유적지 역사 공부
- ☐ 해안도로 드라이빙

MUST DO ACTIVITIES LIST

- ☐ 9.81파크 제주 카트레이싱
- ☐ 노리터 서핑 패들보드
- ☐ 도시해녀 서핑
- ☐ 쓩쓩렌탈샵 자전거 애월점 전기자전거
- ☐ 제주서핑도 서핑
- ☐ 퐁당제주 제트스키

MUST EAT LIST

- ☐ 고이정본점 흑돼지요리
- ☐ 노라바 해물라면
- ☐ 노을리 연탄빵
- ☐ 다운타우너 수제버거
- ☐ 마마롱 에끌레어
- ☐ 몬스터살롱 수제버거
- ☐ 문개항아리 해물라면
- ☐ 버터모닝 버터빵

- ☐ 신의한모 두부코스요리
- ☐ 애월빵공장앤카페 현무암쌀빵
- ☐ 애월찜 소갈비찜
- ☐ 제주광해 갈치조림
- ☐ 카페 노티드 제주 도넛
- ☐ 코시롱 흑돼지 요리
- ☐ 한라봉스시 스시
- ☐ 해성도뚜리 흑돼지, 짬뽕

MUST BUYING LIST

- ☐ 귤귤스토어 감귤마그네틱
- ☐ 노을리 연탄빵
- ☐ 마마롱 에끌레어
- ☐ 베리제주 소품
- ☐ 아르떼뮤지엄 동백꽃 굿즈
- ☐ 애월당 카페 돌크림빵
- ☐ 애월빵공장앤카페 애월샌드
- ☐ 올레파머스 문구류
- ☐ 카페 누티드 제주 도넛
- ☐ 펄롱펄롱빛나는 수제 비누

* 어떻게 여행을 해야하는지 알려드려요.

TRAVEL PLAN
SUMMARY - 애월읍

TITLE

- ■ DATE   /   /   ~   /   /
- ■ TOWN
- ■ WITH
- ■ VEHICLE

MUST GO PLACES

- ■
- ■
- ■
- ■
- ■
- ■
- ■
- ■
- ■
- ■
- ■
- ■
- ■
- ■
- ■
- ■
- ■
- ■
- ■
- ■

STAY

MUST EAT FOODS

MUST GO RESTAURANTS

MUST GO CAFE

MUST BUYING

MUST DO ACTIVITIES

MEMOS

* 지도를 보면서 나만의 여행계획을 만들어 보세요.

TIME LINE
SCHEDULE - 애월읍

DAY 1   /   /   ~   /   /

| 8:00 AM |
| 9:00 AM |
| 10:00 AM |
| 11:00 AM |
| 12:00 PM |
| 13:00 PM |
| 14:00 PM |
| 15:00 PM |
| 16:00 PM |
| 17:00 PM |
| 18:00 PM |
| 19:00 PM |
| 20:00 PM |
| 21:00 PM |
| 22:00 PM |
| 23:00 PM |

DAY 2   /   /   ~   /   /

| 8:00 AM |
| 9:00 AM |
| 10:00 AM |
| 11:00 AM |
| 12:00 PM |
| 13:00 PM |
| 14:00 PM |
| 15:00 PM |
| 16:00 PM |
| 17:00 PM |
| 18:00 PM |
| 19:00 PM |
| 20:00 PM |
| 21:00 PM |
| 22:00 PM |
| 23:00 PM |

* 시간별로 계획을 세워보세요.